škola - okul	2
putovanje - seyahat	5
transport - ulaşım	8
grad - şehir	10
krajolik - arazi	14
restoran - restoran	17
supermarket - süpermarket	20
napitci - içecekler	22
jelo - yemek	23
seosko gazdinstvo - çiftlik	27
kuća - ev	31
dnevna soba - oturma odası	33
kuhinja - mutfak	35
kupaonica - banyo	38
dječija soba - çocuk odası	42
odjeća - kıyafet	44
ured - ofis	49
gospodarstvo - ekonomi	51
zanimanja - meslekler	53
alati - aletler	56
glazbeni instrument - müzik enstrümanı	57
zoološki vrt - hayvanat bahçesi	59
šport - sporlar	62
aktivnosti - etkinlikler	63
obitelj - aile	67
tijelo - vücut	68
bolnica - hastane	72
hitni slučaj - acil	76
zemlja - dünya	77
sat - saat	79
tjedan - hafta	80
godina - yıl	81
oblici - şekiller	83
boje - renkler	84
suprotnosti - zıt anlamlılar	85
brojevi - sayılar	88
jezici - diller	90
tko / što / kako - kim / ne / nasıl	91
gdje - nerede	92

Impressum
Verlag: BABADADA GmbH, Nedderfeld 112 , 22529 Hamburg
Geschäftsführer / Verlagsleitung: Harald Hof
Druck: Books on Demand GmbH, In de Tarpen 42, 22848 Norderstedt

Imprint
Publisher: BABADADA GmbH, Nedderfeld 112 , 22529 Hamburg, Germany
Managing Director / Publishing direction: Harald Hof
Print: Books on Demand GmbH, In de Tarpen 42, 22848 Norderstedt

škola

okul

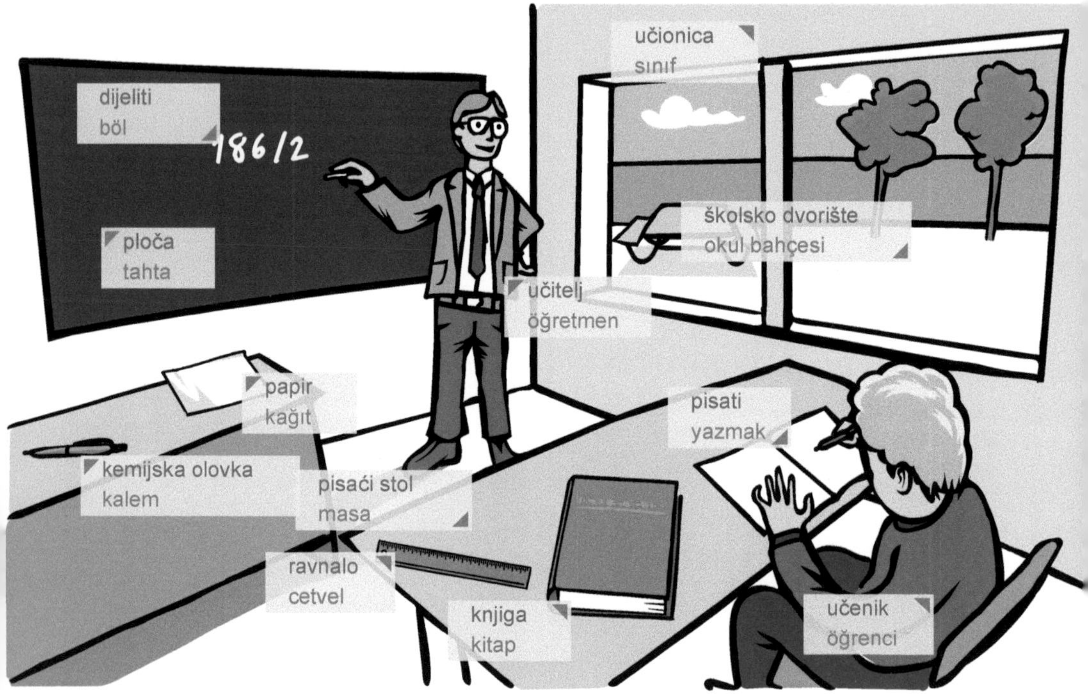

učionica
sınıf
dijeliti
böl
186/2
školsko dvorište
okul bahçesi
ploča
tahta
učitelj
öğretmen
papir
kağıt
pisati
yazmak
kemijska olovka
kalem
pisaći stol
masa
ravnalo
cetvel
knjiga
kitap
učenik
öğrenci

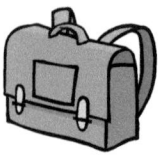

torba

okul çantası

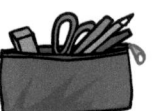

pernica

kalemlik

grafitna olovka

kurşun kalem

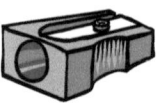

šiljilo za olovke

kalem açacağı

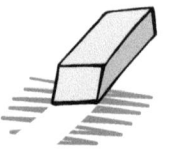

gumica za brisanje

silgi

blok za crtanje

çizim defteri

crtež

çizim

kist

resim fırçası

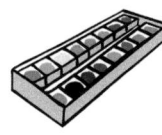

kutija s bojama

boya kutusu

makaze

makas

ljepilo

tutkal

bilježnica

alıştırma kitabı

domaći zadatak

ödev

broj

sayı

sabirati

ekle

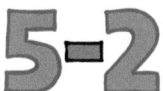

oduzimati

çıkar

množiti

çarp

računati

hesapla

slovo

harf

abeceda

alfabe

riječ

kelime

tekst
metin

čitati
okumak

kreda
tebeşir

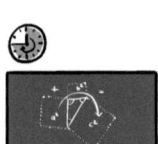

sat
ders

dnevnik
kayıt

ispit
sınav

svjedodžba
sertifika

školska uniforma
okul forması

obrazovanje
eğitim

leksikon
ansiklopedi

sveučilište
üniversite

mikroskop
mikroskop

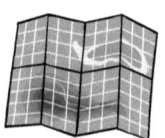

karta
harita

košara za papir
kağıt çöp kutusu

putovanje
seyahat

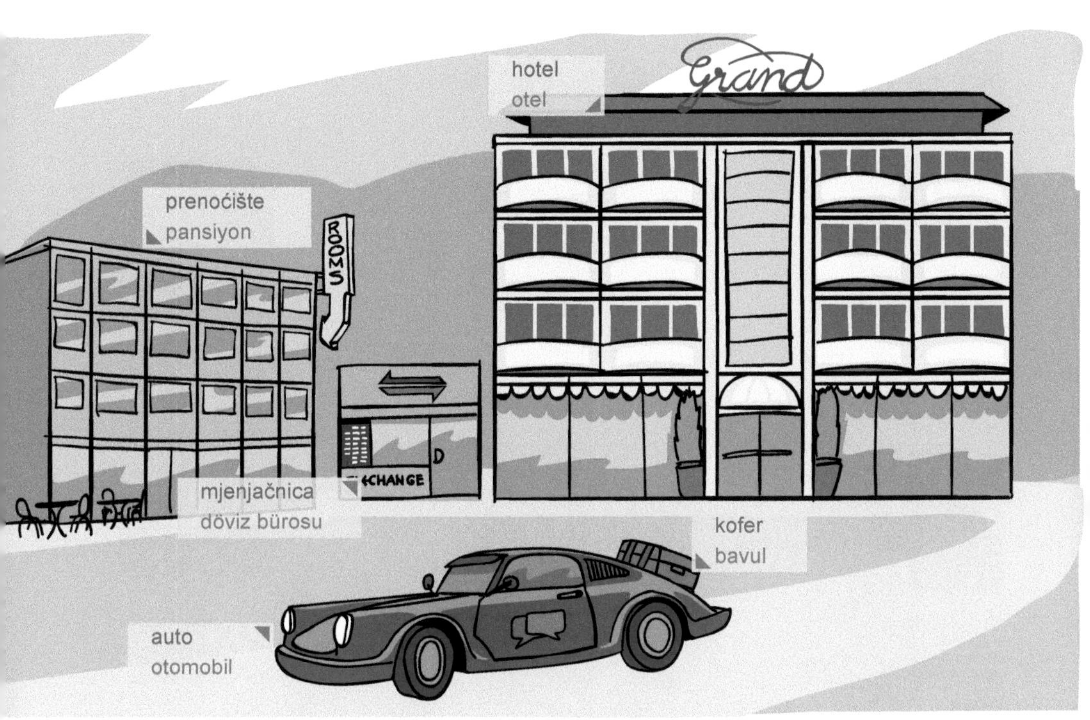

hotel
otel
Grand
prenoćište
pansiyon
ROOMS
EXCHANGE
mjenjačnica
döviz bürosu
kofer
bavul
auto
otomobil

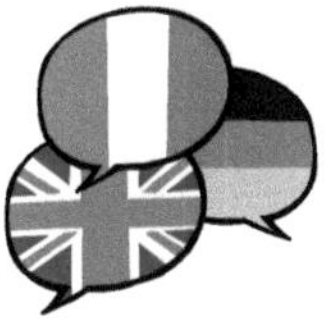

jezik

dil

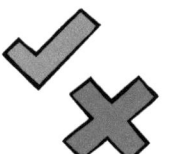

da / ne

evet / hayır

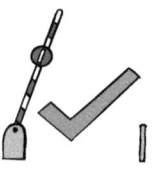

okay

Tamam

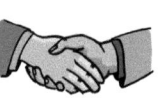

zdravo

merhaba

prevoditelj

çevirmen

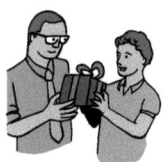

hvala

Teşekkür ederim

Koliko košta...?

bu ... ne kadar?

ne razumijem

anlamadım

problem

problem

dobro veče!

İyi akşamlar!

Dobro jutro!

Günaydın!

Laku noć!

İyi geceler!

doviđenja

güle güle

smjer

yön

prtljaga

bagaj

torba

çanta

ruksak

sırt çantası

gost

misafir

soba

oda

vreća za spavanje

uyku tulumu

šator

çadır

turističke informacije

turist danışma

plaža

sahil

kreditna kartica

kredi kartı

doručak

kahvaltı

ručak

öğle yemeği

večera

akşam yemeği

karta za vožnju

Bilet

dizalo

asansör

poštanska markica

pul

granica

sınır

carina

gümrük

ambasada

elçilik

viza

vize

putovnica

pasaport

transport
ulaşım

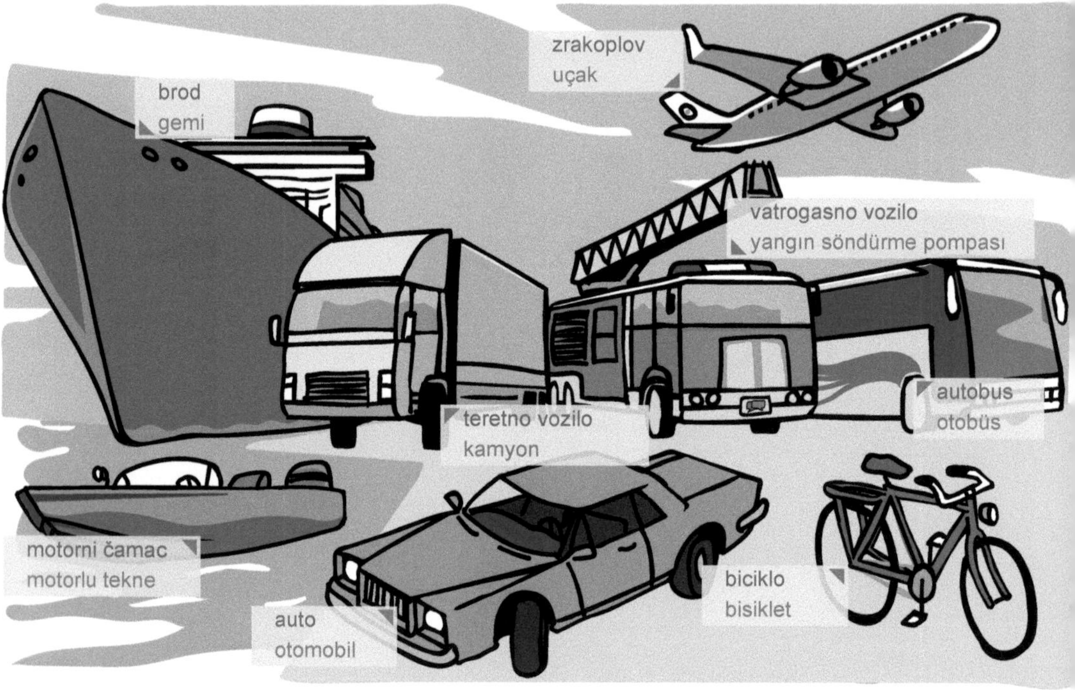
zrakoplov
uçak
brod
gemi
vatrogasno vozilo
yangın söndürme pompası
autobus
otobüs
teretno vozilo
kamyon
motorni čamac
motorlu tekne
biciklo
bisiklet
auto
otomobil

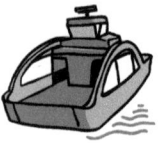

trajekt

feribot

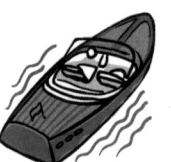

čamac

bot

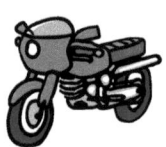

motocikl

motosiklet

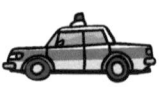

policijski auto

polis arabası

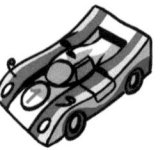

trkaći auto

yarış arabası

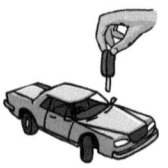

iznajmljeno auto

kiralık araba

dijeljenje automobila

ortak araba

vučno vozilo

çekici

vozilo za odvoz smeća

çöp kamyonu

motor

motor

benzin

yakıt

benzinska postaja

benzinlik

prometni znak

trafik işareti

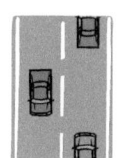

promet

trafik

zastoj

trafik sıkışıklığı

parkiralište

otopark

kolodvor

tren istasyonu

šine

ray

vlak

tren

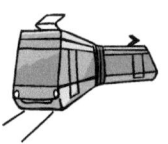

tramvaj

tramvay

vagon

vagon

helikopter
helikopter

zrakoplovna luka
havaalanı

toranj
kule

putnik
yolcu

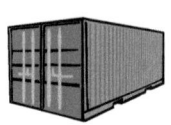

kontejner
konteyner

karton
koli

kolica
yük arabası

košara
sepet

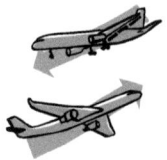

uzletjeti / sletjeti
kalkış / iniş

grad
şehir

selo
köy

centar grada
şehir merkezi

kuća
ev

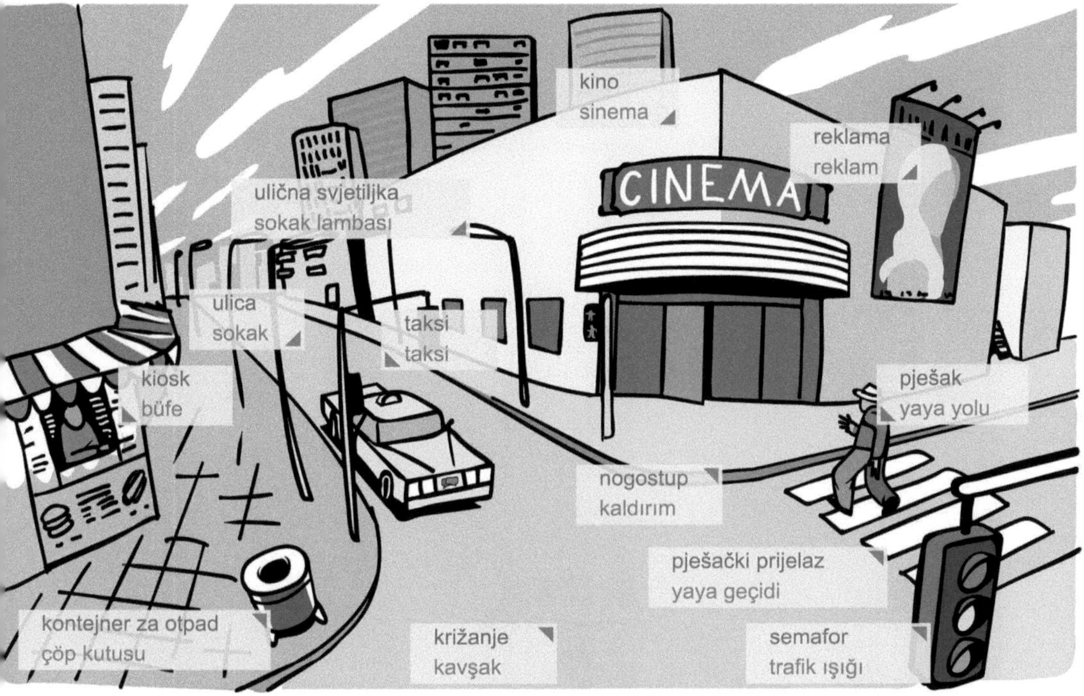
kino
sinema
reklama
reklam
CINEMA
ulična svjetiljka
sokak lambası
ulica
sokak
taksi
taksi
kiosk
büfe
pješak
yaya yolu
nogostup
kaldırım
pješački prijelaz
yaya geçidi
kontejner za otpad
çöp kutusu
križanje
kavşak
semafor
trafik ışığı

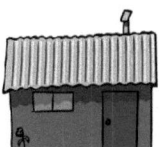

koliba

kulübe

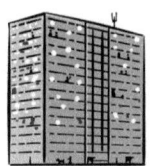

stan

apartman dairesi

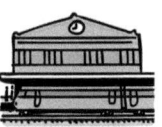

kolodvor

tren istasyonu

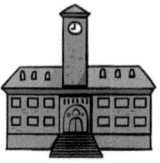

vijećnica

belediye binası

MUSEUM

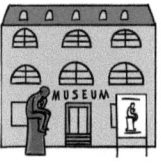

muzej

müze

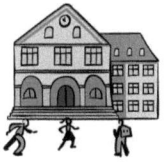

škola

okul

sveučilište	banka	bolnica
üniversite	banka	hastane

hotel	ljekarna	ured
otel	eczane	ofis

knjižara	prodavaonica	cvjećara
kitapçı	mağaza	çiçekçi
supermarket	 trg	 robna kuća
süpermarket	market	büyük mağaza

ribarnica	trgovački centar	luka
balık satıcısı	alışveriş merkezi	liman

park

park

klupa

bank

most

köprü

stepenice

merdiven

podzemna željeznica

metro

tunel

tünel

autobusna stanica

otobüs durağı

bar

bar

restoran

restoran

poštansko sanduče

posta kutusu

ulični znak

sokak tabelası

parkirni sat

otopark sayacı

zoološki vrt

hayvanat bahçesi

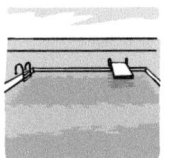

bazen

yüzme havuzu

džamija

cami

seosko gazdinstvo
çiftlik

zagađenje okoliša
kirlilik

groblje
mezarlık

crkva
kilise

igralište
oyun alanı

hram
tapınak

krajolik
arazi

list
yaprak

putokaz
yön tabelası

put
yol

livada
çayır

kamen
taş

drvo
ağaç

šetač
yürüyüşçü

rijeka
ırmak

trava
çimen

cvijet
çiçek

dolina

vadi

planina

tepe

jezero

göl

šuma

orman

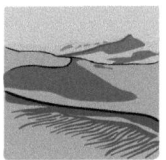

pustinja

çöl

vulkan

volkan

dvorac

kale

duga

gökkuşağı

gljiva

mantar

palma

palmiye

moskito

sivrisinek

muha

sinek

mrav

karınca

pčela

arı

pauk

örümcek

buba
böcek

žaba
kurbağa

vjeverica
sincap

jež
kirpi

zec
yabani tavşan

sova
baykuş

ptica
kuş

labud
kuğu

divlja svinja
yaban domuzu

jelen
geyik

los
geyik

nasip
baraj

vjetrenjača
rüzgar türbini

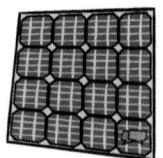

solarna ploča
güneş paneli

klima
iklim

konobar
garson

jelovnik
menü

stolica
sandalye

supa
çorba

pica
pizza

pribor za jelo
çatal - bıçak

stolnjak
masa örtüsü

predjelo
başlangıç

glavno jelo
ana yemek

desert
tatlı

napitci
içecekler

jelo
yemek

boca
şişe

fastfood

fastfood

imbis hrana

sokak yemeği

čajnik

çaydanlık

doza za šećer

şekerlik

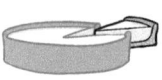

porcija

porsiyon

aparat za espresso

espresso makinesi

visoka stolica

mama sandalyesi

račun

fatura

pladanj

tepsi

nož

bıçak

vilica

çatal

žlica

kaşık

čajna žlica

çay kaşığı

ubrus

servis peçetesi

čaša

bardak

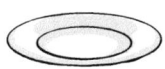

tanjur

tabak

tanjur za supu

çorba kasesi

tanjurić

fincan altlığı

sos

sos

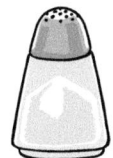

soljenka

tuzluk

mlin za biber

karabiber değirmeni

ocat

sirke

ulje

yağ

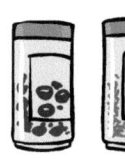

začini

baharat

kečap

ketçap

senf

hardal

majoneza

mayonez

supermarket
süpermarket

ponuda
özel teklif
FOR
kupac
müşteri
mliječni proizvodi
süt ürünleri
voće
meyve
kolica za kupnju
alışveriş arabası

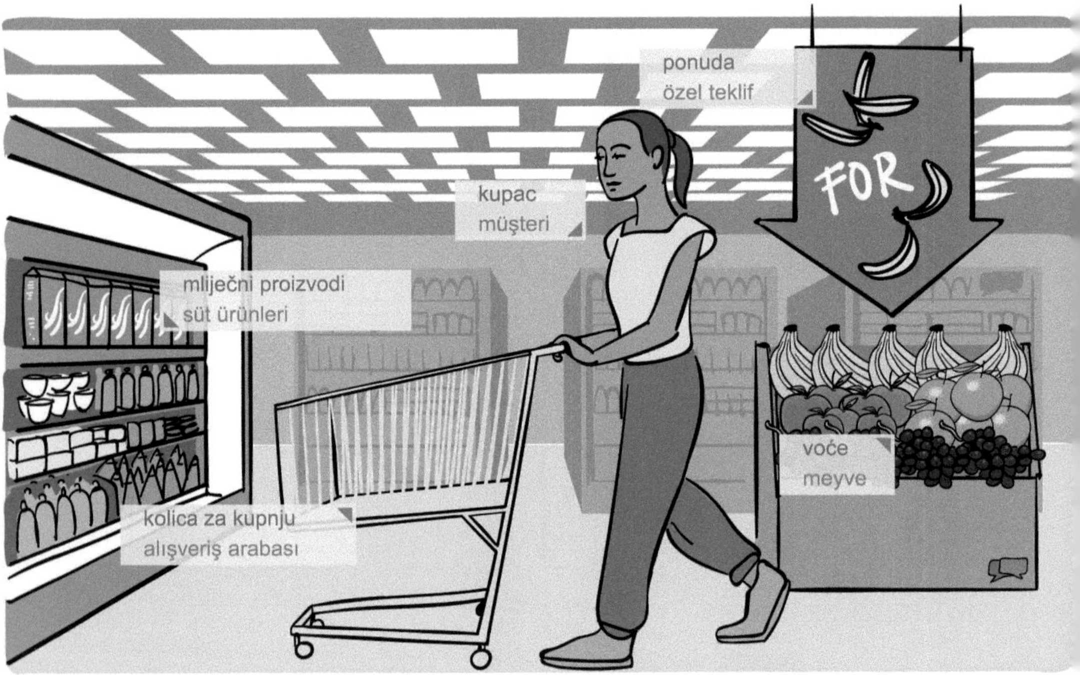

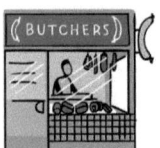

BUTCHERS

mesnica

kasap

BAKERY

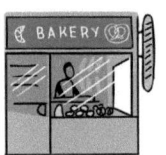

pekarnica

fırın

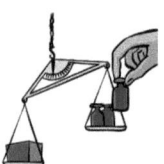

vagati

tartmak

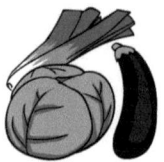

povrće

sebze

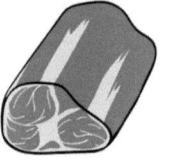

meso

et

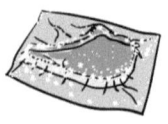

duboko smrznuta hrana

donmuş gıda

narezak

söğüş et

konzerve

konserve yiyecek

sredstvo za pranje

toz deterjan

slatkiši

şekerlemeler

artikli za domaćinstvo

ev temizlik ürünleri

sredstva za čišćenje

temizlik ürünleri

prodavačica

satış görevlisi

blagajna

yazar kasa

blagajnik

kasiyer

lista za kupnju

alışveriş listesi

vrijeme rada

açılış saatleri

novčanik

cüzdan

kreditna kartica

kredi kartı

torba

çanta

plastična vrećica

plastik poşet

voda

su

sok

meyve suyu

mlijeko

süt

cola

kola

vino

şarap

pivo

bira

alkohol

alkol

kakao

kakao

čaj

çay

kava

kahve

espresso

espresso

cappuccino

kapuçino

banana

muz

jabuka

elma

naranča

portakal

lubenica

kavun

limun

limon

mrkva

havuç

češnjak

sarımsak

bambus

bambu

luk

soğan

gljiva

mantar

orašasti plodovi

çerez

rezanci

makarna

špagete

spagetti

riža

pirinç

salata

salata

pomfrit

cips

pečeni krumpir

patates kızartması

pica

pizza

hamburger

hamburger

sendvič

sandviç

šnicla

şinitzel

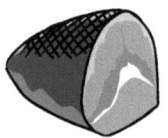

pršut

pastırma

salama

salam

kobasica

sosis

kokoš

tavuk

pečenje

rosto

riba

balık

zobene pahuljice

yulaf ezmesi

musli

müsli

kukuruzne pahuljice

mısır gevreği

brašno

un

roščić

kruvasan

pecivo

küçük ekmek

kruh

ekmek

toast

tost

keksi

bisküvi

maslac

tereyağı

svježi sir

kaymak

kolač

kek

jaje

yumurta

jaje na oko

sahanda yumurta

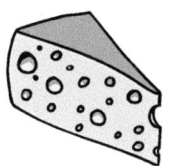

sir

peynir

sladoled

dondurma

šećer

şeker

med

bal

marmelada

reçel

nugat krema

fındık ezmesi

curry

köri

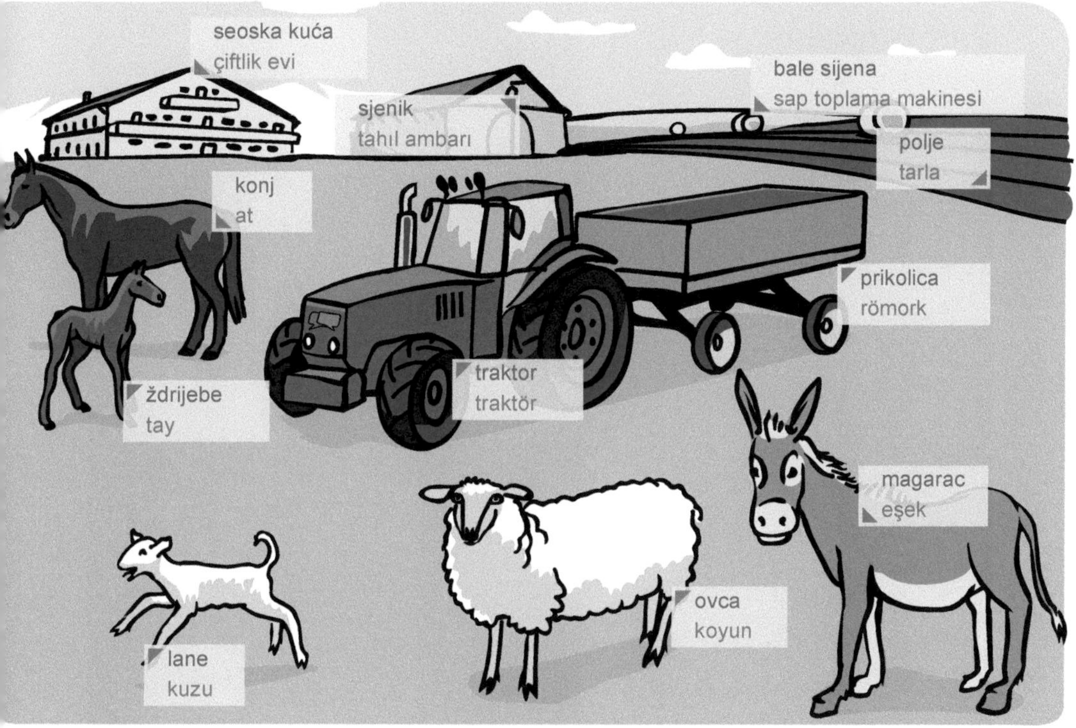

seoska kuća
çiftlik evi

bale sijena
sap toplama makinesi

sjenik
tahıl ambarı

polje
tarla

konj
at

prikolica
römork

ždrijebe
tay

traktor
traktör

magarac
eşek

lane
kuzu

ovca
koyun

koza
keçi

krava
inek

tele
buzağı

svinja
domuz

prase
domuz yavrusu

bik
boğa

guska
kaz

patka
ördek

pilići
civciv

kokoš
tavuk

pijetao
horoz

pacov
sıçan

mačka
kedi

miš
fare

vol
öküz

pas
köpek

kućica za psa
köpek kulübesi

vrtno crijevo
bahçe hortumu

kanta za polijevanje
sulama kabı

kosa
tırpan

plug
pulluk

srp

orak

motika

çapa

vilica za gnojivo

dirgen

sjekira

balta

tačke

el arabası

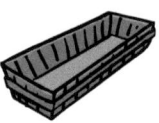

korito

yemlik

posuda za mlijeko

süt kovası

vreća

çuval

ograda

çit

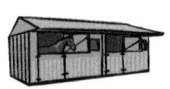

štala

ahır

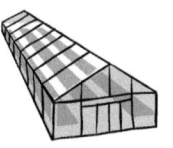

staklenik

sera

zemlja

toprak

sjeme

tohum

gnojivo

gübre

kombajn

biçerdöver

žanjati

hasat etmek

žetva

harman

yams začin

tatlı patates

pšenica

buğday

soja

soya

krumpir

patates

kukuruz

mısır

uljana repica

kolza

voćka

meyve ağacı

gomolj manioke

manyok

žitarice

hububat

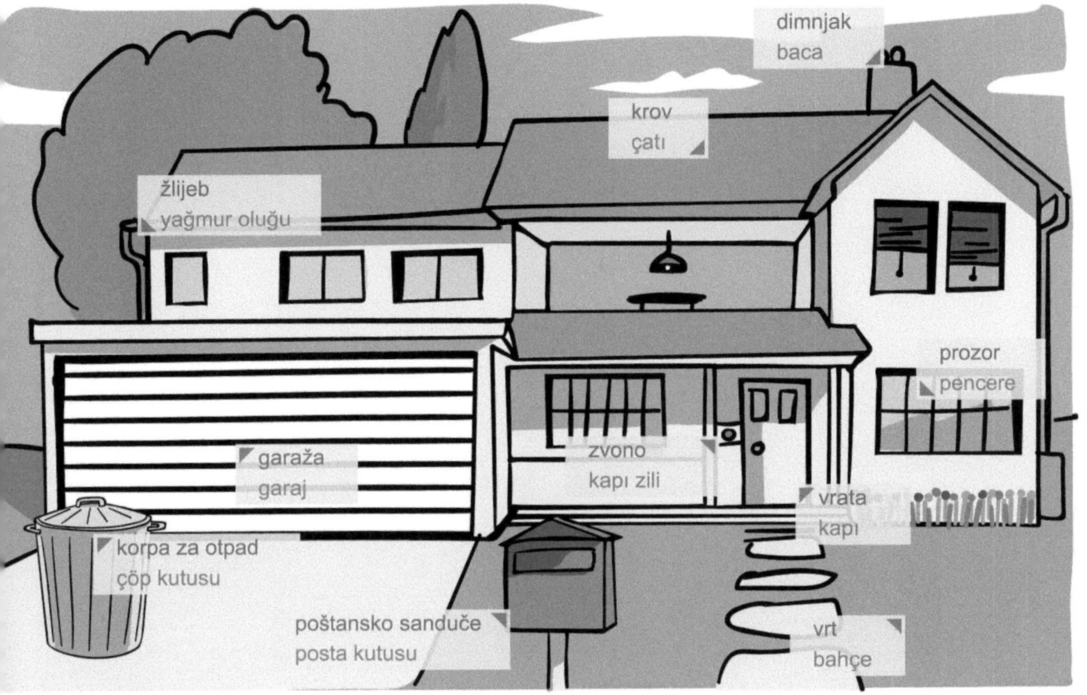

dimnjak
baca

krov
çatı

žlijeb
yağmur oluğu

prozor
pencere

garaža
garaj

zvono
kapı zili

vrata
kapı

korpa za otpad
çöp kutusu

poštansko sanduče
posta kutusu

vrt
bahçe

dnevna soba

oturma odası

kupaonica

banyo

kuhinja

mutfak

spavaća soba

yatak odası

dječija soba

çocuk odası

trpezarija

yemek odası

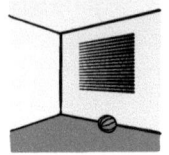

pod
zemin

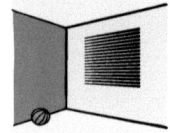

zid
duvar

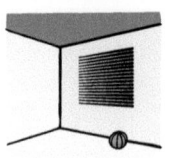

strop
tavan

podrum
kiler

sauna
sauna

balkon
balkon

terasa
teras

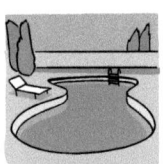

bazen
havuz

kosilica za travu
çim biçme makinesi

posteljina za krevet
çarşaf

deka za krevet
yatak örtüsü

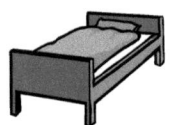

krevet
yatak

metla
süpürge

kanta
kova

sklopka
anahtar

dnevna soba
oturma odası

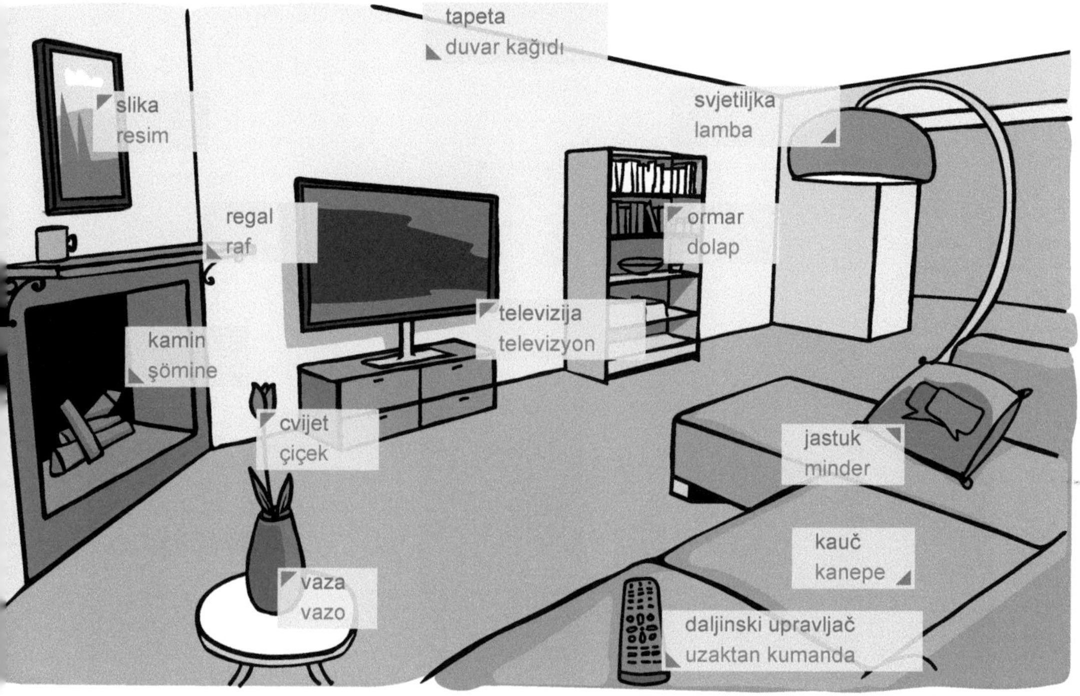

tapeta
duvar kağıdı
slika
resim
svjetiljka
lamba
regal
raf
ormar
dolap
televizija
televizyon
kamin
şömine
cvijet
çiçek
jastuk
minder
kauč
kanepe
vaza
vazo
daljinski upravljač
uzaktan kumanda

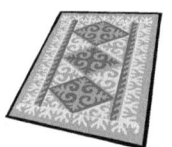

tepih

halı

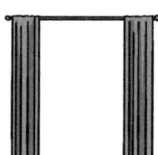

zavjesa

perde

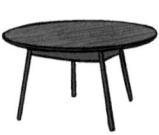

stol

masa

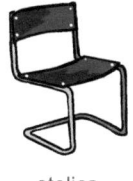

stolica

sandalye

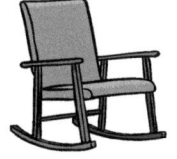

stolica za njihanje

salıncaklı koltuk

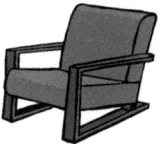

fotelja

koltuk

knjiga

kitap

deka

battaniye

dekoracija

dekor

drvo za ogrjev

odun

film

film

stereo uređaj

hi-fi

ključ

anahtar

novine

gazete

slika na platnu

tablo

poster

poster

radio

radyo

blok za pisanje

defter

usisavač

elektrikli süpürge

kaktus

kaktüs

svijeća

mum

kuhinja
mutfak

hladnjak
buzdolabı
mikrovalna pećnica
mikrodalga fırın
kuhinjska vaga
mutfak tartısı
toaster
tost makinesi
sredstvo za čišćenje
deterjan
pećnica
fırın
pretinac za zamrzavanje
buzluk
korpa za otpad
çöp kutusu
perilica za suđe
bulaşık makinesi

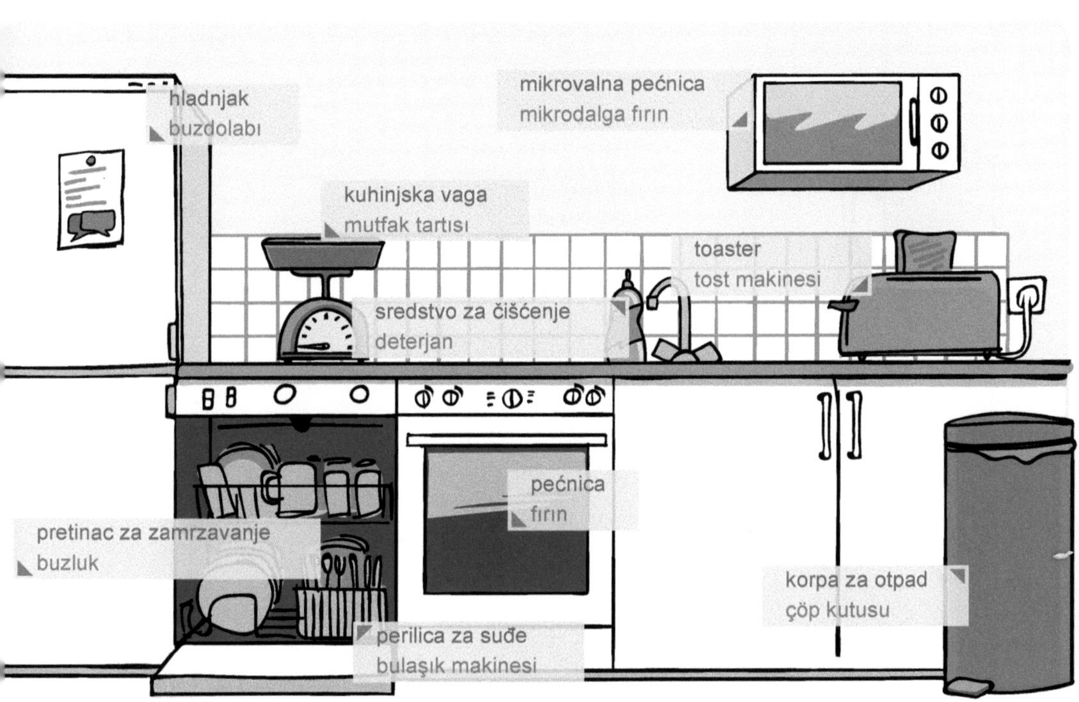

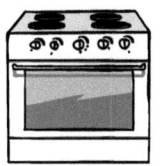

štednjak

ocak

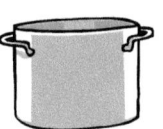

lonac

tencere

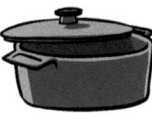

željezni lonac

döküm tencere

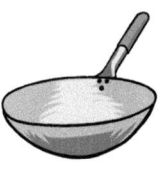

wok / kadai

wok

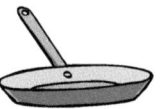

tava

tava

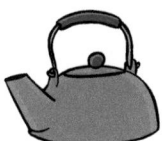

kuhalo za vodu

su ısıtıcı

kuhalo na paru

buharlı pişirici

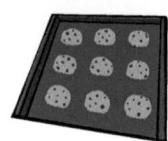

lim za pečenje

pişirme tepsisi

posuđe

tabak takımı

čaša

kupa

zdjela

kase

štapići za jelo

çubuk (çin yemeği)

kutljača

kepçe

lopatica

spatula

pjenjača

çırpma teli

sito za kuhanje

süzgeç

sito

elek

ribež

rende

mužar

havan

roštilj

barbekü

ognjište

açık ateş

daska

kesme tahtası

oklagija

merdane

vadičep

tirbüşon

konzerva

konserve kutusu

otvarač konzervi

konserve açacağı

krpa za lonac

fırın eldiveni

sudoper

evye

četka

fırça

spužva

sünger

mikser

blender

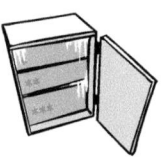

zamrzivač

derin dondurucu

bočica za bebe

biberon

slavina za vodu

musluk

kupaonica
banyo

grijanje
ısıtma
tuš
duş
ručnik
havlu
zavjesa za tuš
duş perdesi
pjenušava kupka
köpük banyosu
kada
küvet
čaša
bardak
perilica za rublje
çamaşır makinesi
slavina za vodu
musluk
pločice
fayans
dječja kahlica
lazımlık
sudoper
evye

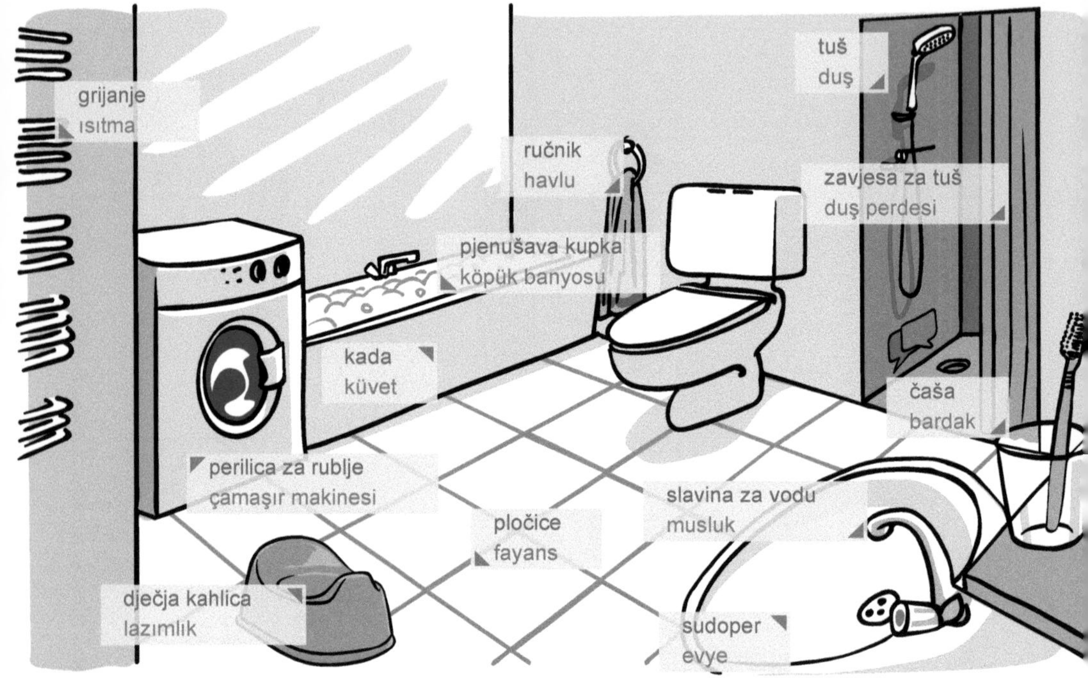

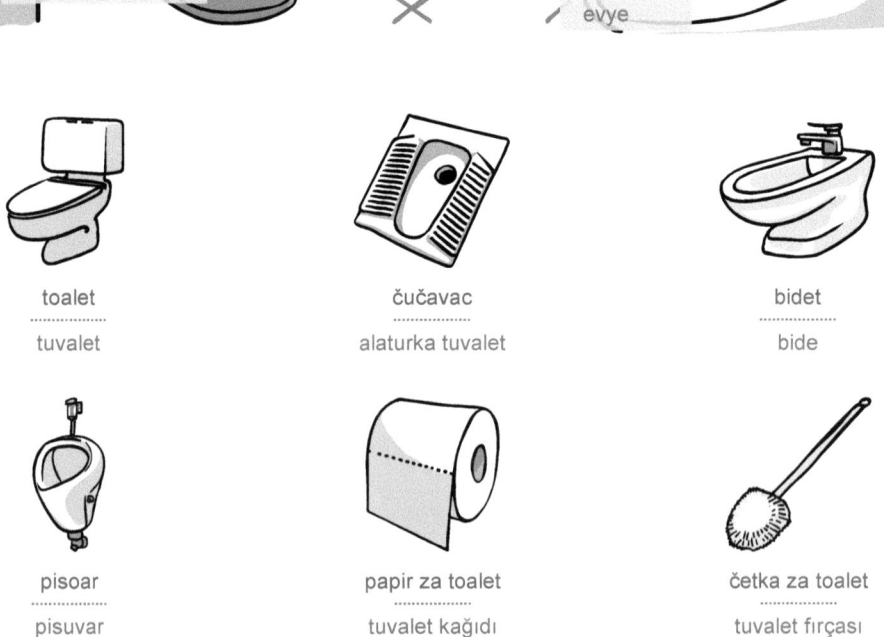

toalet

tuvalet

čučavac

alaturka tuvalet

bidet

bide

pisoar

pisuvar

papir za toalet

tuvalet kağıdı

četka za toalet

tuvalet fırçası

četkica za zube

diş fırçası

pasta za zube

diş macunu

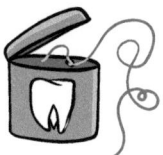

konac za zube

diş ipi

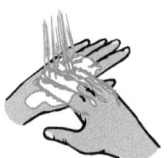

prati

yıkamak

tuš ručica

duş başlığı

tuš za pranje intimnih dijelova

duş başlığı şeklinde taharet musluğu

lavor

küvet

četka za pranje leđa

banyo fırçası

sapun

sabun

gel za tuširanje

duş jeli

šampon

şampuan

krpa za pranje

banyo lifi

odvod

gider

krema

krem

dezodorans

deodorant

ogledalo

ayna

kozmetičko ogledalo

el aynası

brijač

jilet

pjena za brijanje

tıraş köpüğü

losion za poslije brijanja

tıraş losyonu

češalj

tarak

četka

fırça

sušilo za kosu

saç kurutma makinesi

sprej za kosu

saç spreyi

makeup

makyaj

ruž za usne

ruj

lak za nokte

tırnak cilası

vata

pamuk

škare za nokte

tırnak makası

parfem

parfüm

neseser

makyaj çantası

stolica

tabure

vaga

tartı

ogrtač

bornoz

rukavice za čišćenje

lastik eldiven

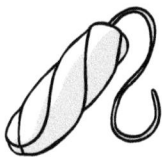

tampon

tampon

uložak

kadın pedi

kemijski toalet

kimyevi tuvalet

dječija soba

çocuk odası

budilnik
çalar saat
plišana igračka
peluş oyuncak
auto igračka
oyuncak araba
zvečka
çıngırak
kućica za lutke
bebek evi
poklon
hediye

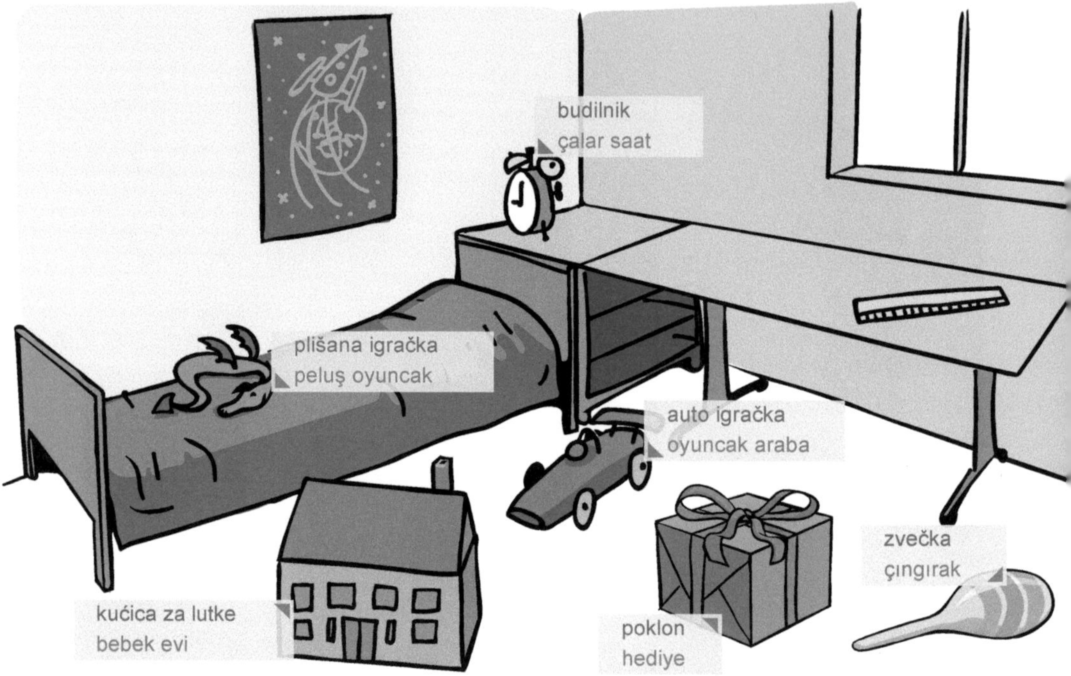

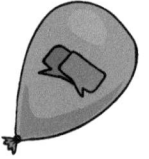

balon

balon

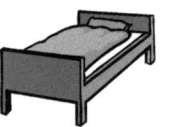

krevet

yatak

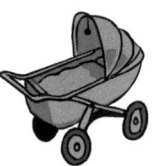

dječija kolica

bebek arabası

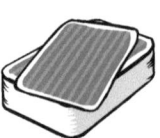

igra s kartama

kart destesi

slagalica

yapboz

SUPER
MEGA

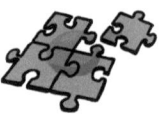

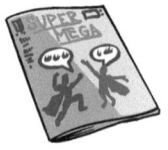

strip

çizgi roman

lego kockice

lego tuğlaları

kockice za slaganje

lego blokları

akcioni junak

aksiyon figürü

kombinezon za bebe

zıbın

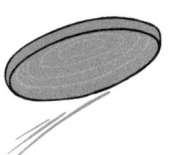

frizbi

frizbi

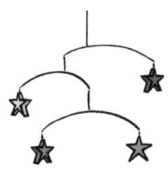

viseće igračke

dönence

društvene igre

masa oyunu

kocka

zar

minijaturna željeznica

model tren seti

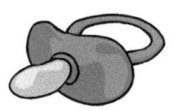

duda

emzik

tulum

parti

slikovnica

resimli kitap

lopta

top

lutka

oyuncak bebek

igrati

oynamak

pješčanik
....
kum havuzu

ljuljačka
....
salıncak

igračka
....
oyuncaklar

konzola za igre
....
video oyun konsolu

tricikl
....
üç tekerlekli bisiklet

plišani medo
....
oyuncak ayı

ormar
....
gardırop

odjeća
kıyafet

kratke čarape
....
čorap

čarape
....
külotlu çorap

hulahopke
....
tayt

šal
eşarp

kišobran
şemsiye

kaiš
kemer

t-shirt
tişört

čizme
bot

papuče
terlik

patike
spor ayakkabı

sandale	cipele	gumene čizme
sandalet	ayakkabı	lastik çizme
gaćice	grudnjak	potkošulja
külot	sütyen	yelek

bodi

dar bluz

hlače

pantolon

džins

kot pantolon

haljina

etek

bluza

bluz

košulja

gömlek

džemper

kazak

pulover s kapuljačom

süveter

blejzer

blazer

jakna

ceket

kaput

mont

kabanica

yağmurluk

kostim

kostüm

haljina

elbise

vjenčanica

gelinlik

odijelo
takım elbise

spavaćica
gecelik

pidžama
pijama

sari
sari

rubac
baş örtüsü

turban
türban

burka
burka

kaftan
kaftan

abaja
çarşaf

kupaći kostim
mayo

kupaće gaćice
erkek mayosu

kratke hlače
şort

odjeća za trening
eşofman

pregača
önlük

rukavice
eldiven

gumb

düğme

naočale

gözlük

narukvica

bilezik

ogrlica

kolye

prsten

yüzük

naušnica

küpe

kapa

kep

vješalica

portmanto

šešir

şapka

kravata

kravat

patent zatvarač

fermuar

kaciga

kask

naramenice

pantolon askısı

školska uniforma

okul forması

uniforma

üniforma

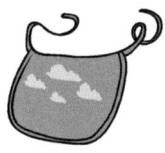

podbradak

mama önlüğü

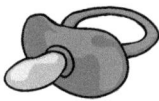

duda

emzik

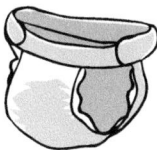

pelena

bebek bezi

ured
ofis

server
sunucu
ormar za spise
dosya dolabı
pisač
yazıcı
papir
kağıt
monitor
monitör
miš
fare
pisaći stol
masa
mapa
klasör
tipkovnica
klavye
stolica
sandalye
košara za papir
kağıt çöp kutusu
računar
bilgisayar

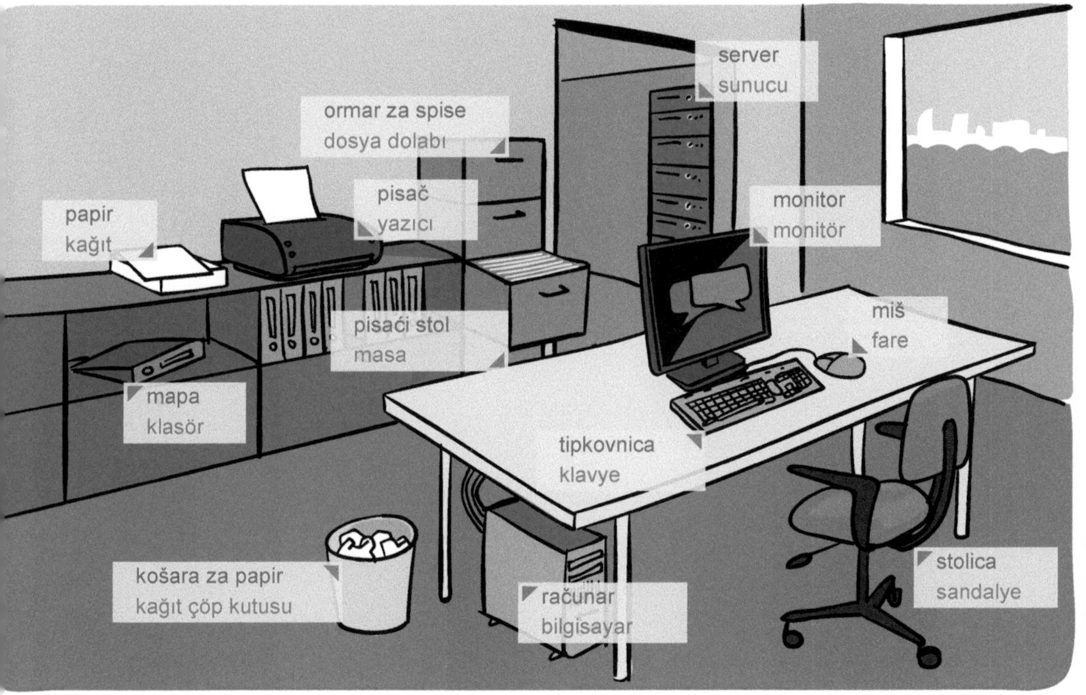

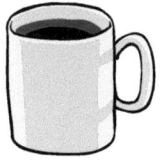

šalica za kavu

kahve fincanı

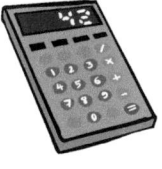

kalkulator

hesap makinesi

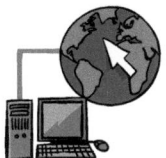

internet

internet

laptop

dizüstü

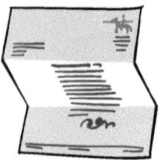

pismo

mektup

poruka

mesaj

mobilni telefon

cep telefonu

mreža

ağ

uređaj za kopiranje

fotokopi makinesi

softver

yazılım

telefon

telefon

utičnica

priz

faks

faks makinesi

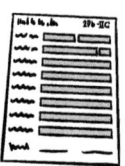

obrazac

form

dokument

belge

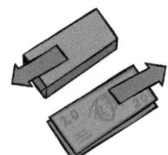

kupovati

satın almak

platiti

ödemek

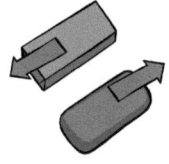

trgovati

ticaret yapmak

novac

para

dolar

dolar

euro

avro

jen

yen

rubalj

ruble

švicarski franak

İsviçre frangı

renmindbi yuan

Çin yuanı

rupija

rupi

automat za novac

kasa

mjenjačnica

döviz bürosu

zlato

altın

srebro

gümüş

nafta

petrol

energija

enerji

cijena

fiyat

ugovor

kontrat

porez

vergi

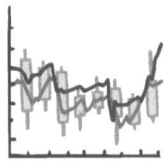

dionica

menkul değer

raditi

çalışmak

službenik

işveren

poslodavac

işçi

tvornica

fabrika

prodavaonica

mağaza

policajac
polis memuru

vatrogasac
itfaiyeci

kuhar
aşçı

liječnik
doktor

pilot
pilot

vrtlar
bahçıvan

stolar
marangoz

krojačica
terzi

sudija
hakim

kemičar
kimyager

glumac
aktör

vozač autobusa

otobüs şoförü

vozač taksija

taksi şoförü

ribar

balıkçı

čistačica

temizlikçi

krovopokrivač

çatı ustası

konobar

garson

lovac

avcı

slikar

boyacı

pekar

fırıncı

električar

elektrikçi

građevinski radnik

inşaatçı

inženjer

mühendis

mesar

kasap

limar

muslukçu

poštar

postacı

vojnik

asker

arhitekta

mimar

blagajnik

kasiyer

cvjećar

çiçekçi

frizer

kuaför

kondukter

kondüktör

mehaničar

tamirci

kapetan

kaptan

zubar

dişçi

znanstvenik

bilim insanı

rabi

haham

imam

imam

monah

keşiş

svećenik

rahip

alati
aletler

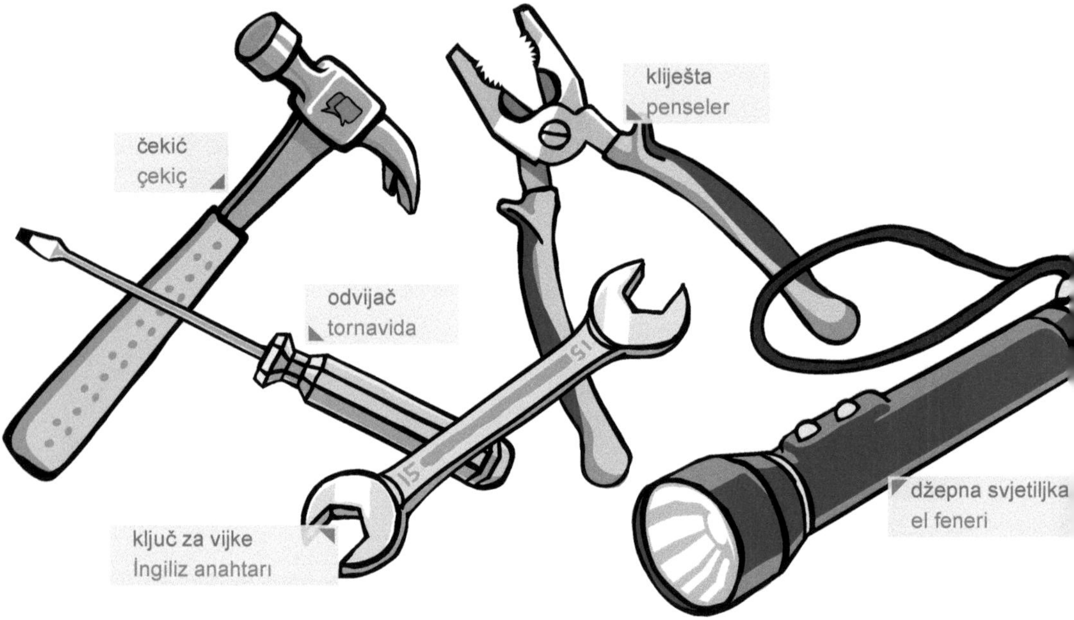

čekić
çekiç
kliješta
penseler
odvijač
tornavida
ključ za vijke
İngiliz anahtarı
džepna svjetiljka
el feneri

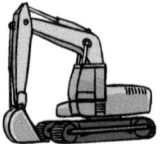

rovokopač

kazı makinesi

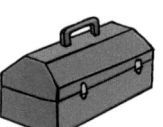

kutija za alat

alet çantası

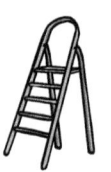

ljestve

merdiven

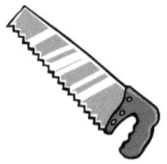

pila

testere

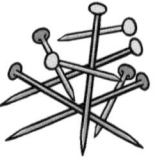

ekser

çiviler

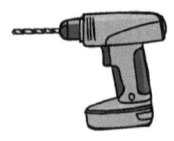

bušilica

matkap

popraviti

tamir etmek

lopata

kürek

Sranje!

Kahretsin!

lopatica

faraş

lonac za boju

boya tenekesi

vijci

vidalar

glazbeni instrument
müzik enstrümanı

bubnjevi
bateri seti

zvučnik
hoparlör

kontrabas
kontrbas

truba
trompet

gitara
gitar

klavir

piyano

violina

keman

bas

basgitar

timpani

timpani

udaraljke za bubnjeve

bateri

keyboard

klavye

saksofon

saksafon

flauta

flüt

mikrofon

mikrofon

glazbeni instrument - müzik enstrümanı

ZOO

ulaz
giriş

tigar
kaplan

kavez
kafes

zebra
zebra

hrana za životinje
hayvan yemi

panda
panda

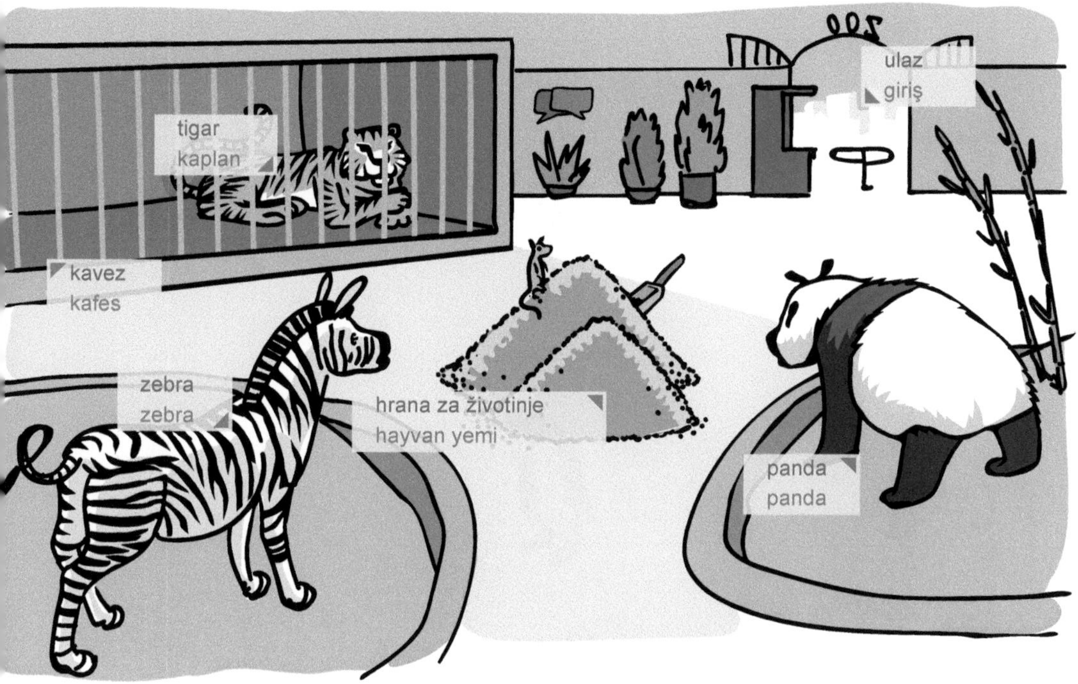

životinje
hayvanlar

slon
fil

kengur
kanguru

nosorog
gergedan

gorila
goril

medvjed
ayı

kamila

deve

noj

deve kuşu

lav

aslan

majmun

maymun

flamingo

flamingo

papagaj

papağan

polarni medvjed

kutup ayısı

pingvin

penguen

ajkula

köpek balığı

paun

tavus kuşu

zmija

yılan

krokodil

timsah

čuvar u zoološkom vrtu

hayvanat bahçesi görevlisi

tuljan

fok

jaguar

jaguar

poni	leopard	nilski konj
midilli atı	leopar	su aygırı

žirafa	orao	divlja svinja
zürafa	kartal	yaban domuzu

riba	kornjača	morž
balık	kaplumbağa	mors

lisica	gazela	
tilki	ceylan	

američki nogomet
amerikan futbolu

biciklizam
bisiklete binme

tenis
tenis

košarka
basketbol

plivanje
yüzme

boks
boks

hockey na ledu
buz hokeyi

nogomet
futbol

badminton
badminton

atletika
atletizm

rukomet
hentbol

skijanje
kayak

polo
polo

aktivnosti
etkinlikler

skočiti
atlamak
zagrliti
sarılmak
smijati se
gülmek
ići
yürümek
pjevati
söylemek
sanjati
hayal etmek
moliti se
dua etmek
poljubiti
öpmek

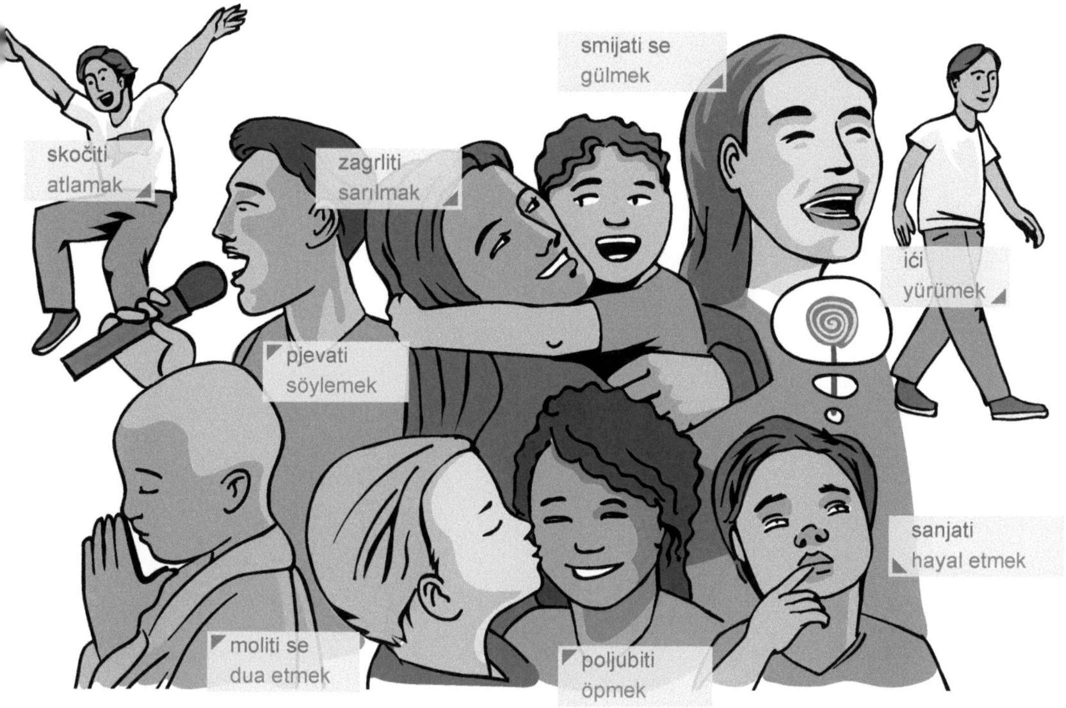

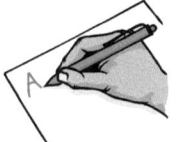

pisati

yazmak

crtati

çizmek

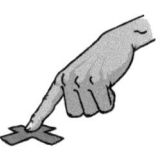

pokazati

göstermek

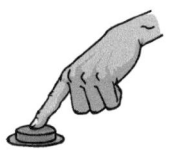

gurati

itmek

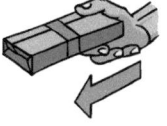

dati

vermek

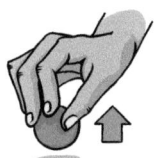

uzeti

almak

imati

sahip olmak

činiti

yapmak

biti

olmak

stojati

ayakta durmak

trčati

koşmak

povlačiti

çekmek

baciti

atmak

padati

düşmek

ležati

yalan söylemek

čekati

beklemek

nositi

taşımak

sjediti

oturmak

oblačiti

giyinmek

spavati

uyumak

probuditi se

uyanmak

gledati
bakmak

plakati
ağlamak

milovati
vurmak

češljati
taramak

govoriti
konuşmak

razumjeti
anlamak

pitati
sormak

slušati
dinlemek

piti
içmek

jesti
yemek

pospremiti
düzenlemek

voljeti
sevmek

kuhati
pişirmek

voziti
sürmek

letjeti
uçmak

ploviti

denize açılmak

računati

hesapla

čitati

okumak

učiti

öğrenmek

raditi

çalışmak

vjenčati se

evlenmek

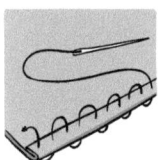

šiti

dikmek

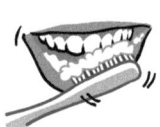

prati zube

diş fırçalamak

ubiti

öldürmek

pušiti

sigara içmek

poslati

yollamak

aktivnosti - etkinlikler

baka
büyükanne

djed
büyükbaba

otac
baba

majka
anne

beba
bebek

kćerka
kız

sin
oğul

gost

misafir

tetka

teyze

ujak, stric

amca

brat

erkek kardeş

sestra

kız kardeş

tijelo
vücut

čelo
alın
oko
göz
lice
yüz
brada
çene
grudi
göğüs
prst
parmak
ruka
el
ruka
kol
rame
omuz
noga
bacak

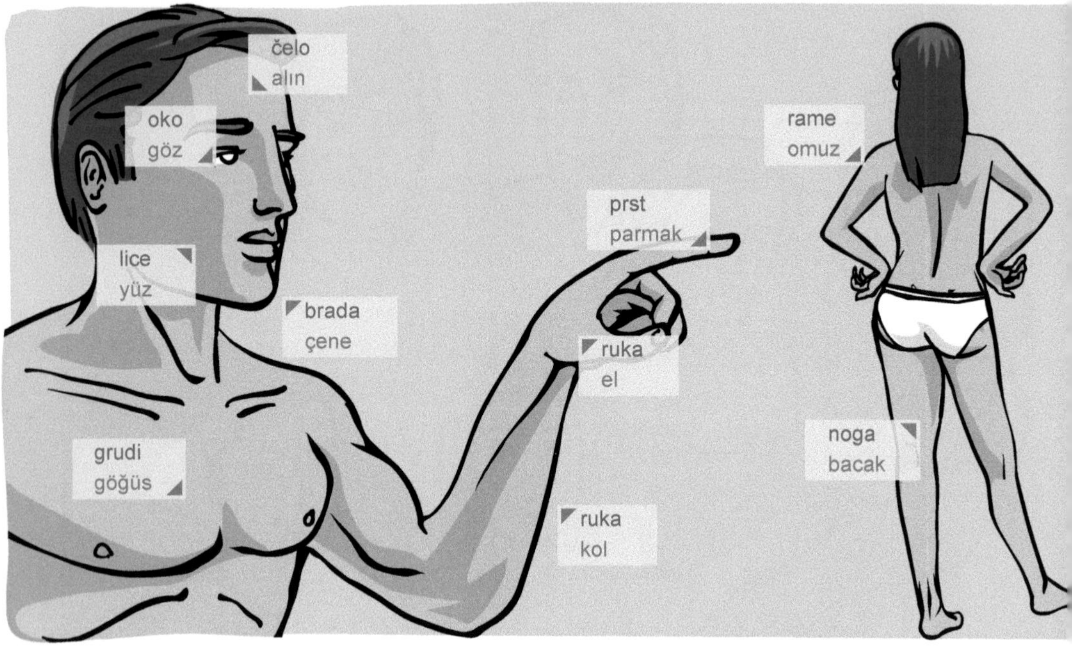

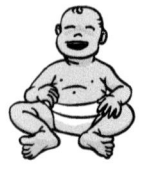

beba

bebek

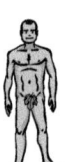

muškarac

adam

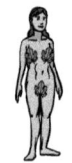

žena

kadın

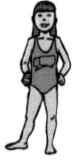

djevojčica

kız

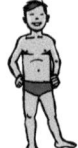

dječak

erkek çocuk

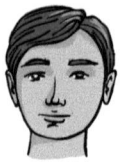

glava

baş

leđa
·················
sırt

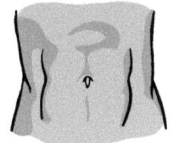

trbuh
·················
karın

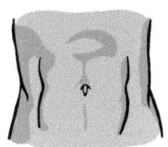

pupak
·················
göbek

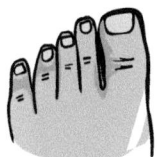

nožni prst
·················
ayak parmağı

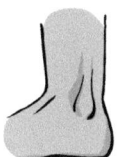

peta
·················
topuk

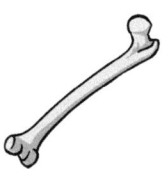

kost
·················
kemik

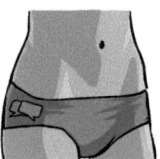

kuk
·················
kalça

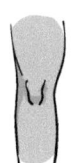

koljeno
·················
diz

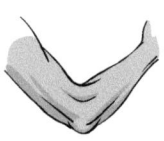

lakat
·················
dirsek

nos
·················
burun

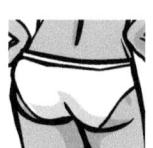

stražnjica
·················
kalça

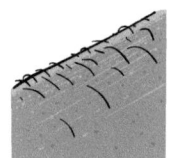

koža
·················
deri

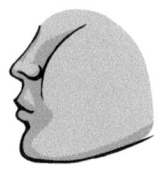

obraz
·················
yanak

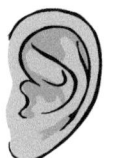

uho
·················
kulak

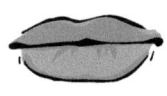

usna
·················
dudak

usta
ağız

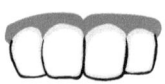

zub
diş

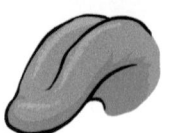

jezik
dil

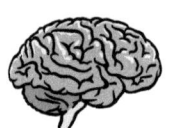

mozak
beyin

srce
kalp

mišić
kas

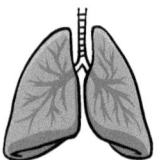

pluća
akciğer

jetra
karaciğer

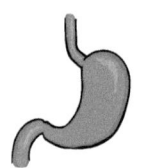

želudac
mide

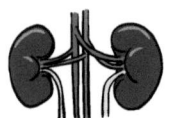

bubrezi
böbrekler

snošaj
seks

kondom
prezervatif

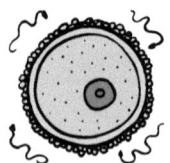

jajna stanica
yumurtalık

sperma
sperm

trudnoća
hamilelik

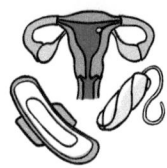

menstruacija

regl

vagina

vajina

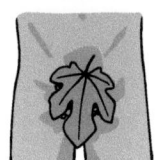

penis

penis

obrva

kaş

kosa

saç

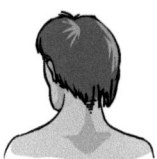

vrat

boyun

bolnica
hastane

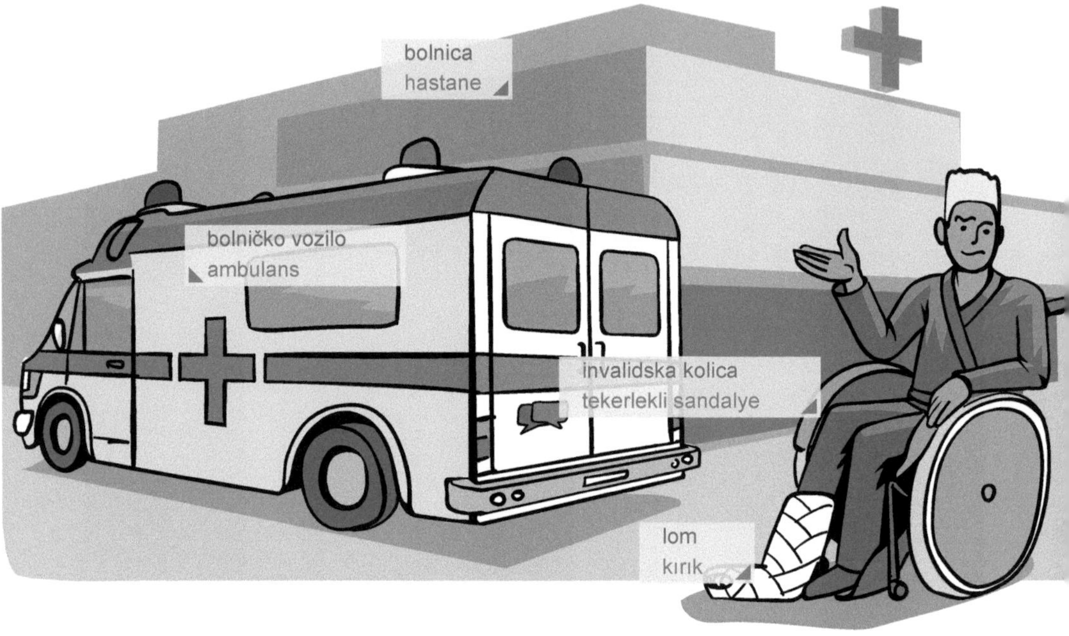

bolnica
hastane
bolničko vozilo
ambulans
invalidska kolica
tekerlekli sandalye
lom
kırık

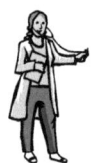

liječnik

doktor

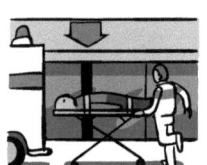

hitna medicinska služba

acil servis

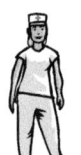

medicinska sestra

hemşire

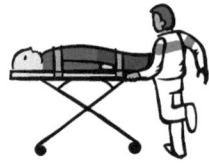

hitni slučaj

acil

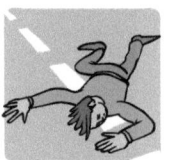

nesvijest

baygın

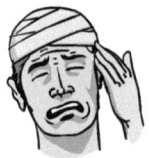

bol

acı

ozljeda

yaralanma

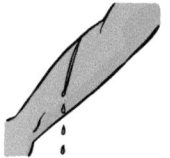

krvarenje

kanama

srćani infarkt

kalp krizi

moždani udar

felç

alergija

alerji

kašalj

öksürük

groznica

ateş

gripa

grip

proljev

ishal

glavobolja

baş ağrısı

rak

kanser

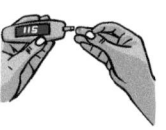

dijabetes

şeker hastalığı

kirurg

cerrah

skalpel

neşter

operacija

operasyon

ct
bilgisayarlı tomografi

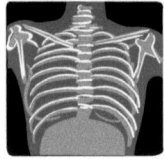

rentgen
röntgen

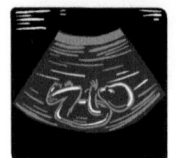

ultrazvuk
ultrason

maska
yüz maskesi

bolest
hastalık

čekaonica
bekleme odası

štaka
koltuk değneği

flaster
yara bandı

zavoj
bandaj

injekcija
enjeksiyon

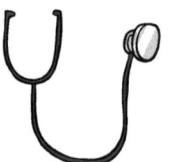

stetoskop
steteskop

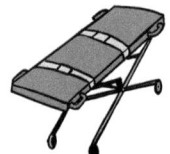

nosilo
sedye

termometar
tıbbi termometre

rođenje
doğum

prekomjerna težina
fazla kilo

slušni aparat

işitme cihazı

sredstvo za dezinfekciju

dezenfektan

infekcija

enfeksiyon

virus

virüs

hiv / sida

HIV / AIDS

medicina

ilaç

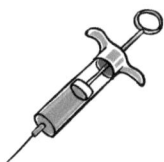

vakcinacija

aşı

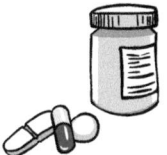

tablete

tablet

pilula

hap

poziv u pomoć

acil çağrı

uređaj za mjerenje tlaka

tansiyon aleti

bolesno / zdravo

hasta / sağlıklı

pomoć!	alarm	nasrtaj
İmdat!	alarm	darp

napad	opasnost	izlaz za nuždu
saldırı	tehlike	acil çıkış

požar!	vatrogasni aparat	nezgoda
Yangın!	yangın tüpü	kaza
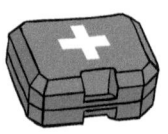		
kofer prve pomoći	sos	policija
ilk yardım çantası	imdat	polis

Europa

Avrupa

sjeverna amerika

Kuzey Amerika

južna amerika

Güney amerika

Afrika

Afrika

Azija

Asya

Australija

Avustralya

Atlantik

Atlantik

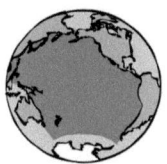

Pacifik

Pasifik

ocean

Hint Okyanusu

antarktički ocean

Antarktika Okyanusu

arktički ocean

Arktik Okyanusu

sjeverni pol

Kuzey Kutbu

južni pol
Güney Kutbu

Antarktik
Antarktika

zemlja
dünya

zemlja
kara

more
deniz

otok
ada

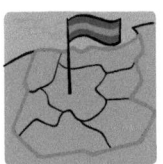

nacija
ulus

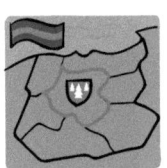

država
ülke

brojčanik sata

kadran

satna kazaljka

akrep

minutna kazaljka

yelkovan

sekundna kazaljka

saniye ibresi

Koliko je sati?

Saat kaç?

dan

gün

vrijeme

zaman

sada

şimdi

digitalni sat

dijital saat

minuta

dakika

sat

saat

tjedan

hafta

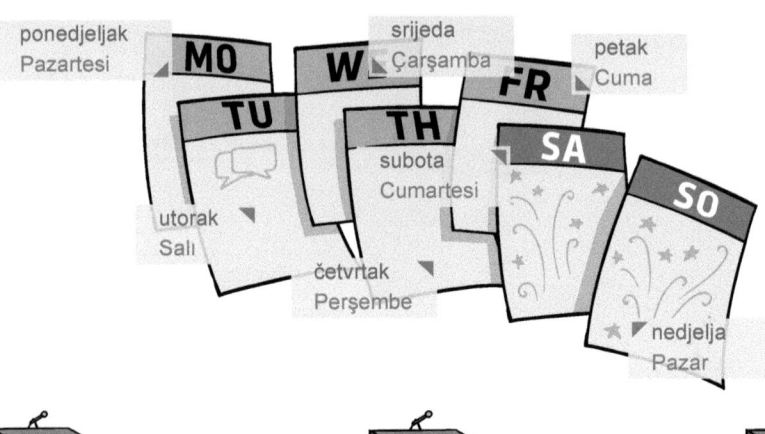

ponedjeljak
Pazartesi

srijeda
Çarşamba

petak
Cuma

utorak
Salı

subota
Cumartesi

četvrtak
Perşembe

nedjelja
Pazar

jučer
....
dün

danas
....
bugün

sutra
....
yarın

jutro
....
sabah

podne
....
öğle

večer
....
akşam

radni dani
....
iş günleri

vikend
....
hafta sonu

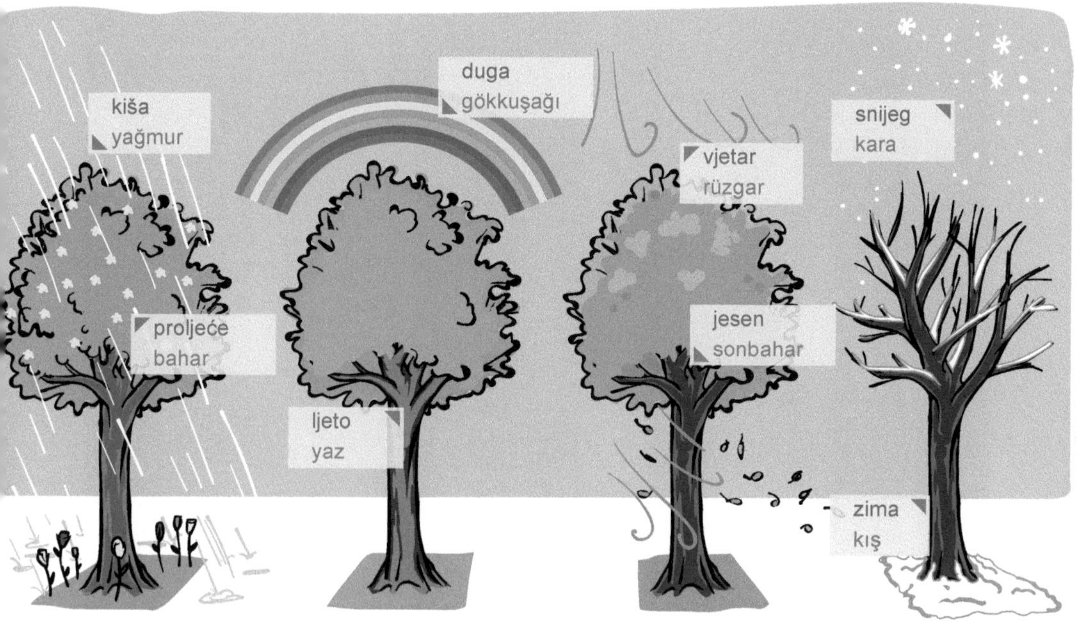

kiša
yağmur
duga
gökkuşağı
vjetar
rüzgar
snijeg
kara
proljeće
bahar
ljeto
yaz
jesen
sonbahar
zima
kış

4.APRIL 11°
5.APRIL 4°
6.APRIL 13°
7.APRIL 8°
8.APRIL 10°

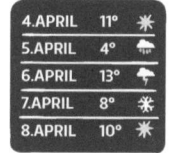

meteorološka prognoza

hava durumu tahmini

F C
120 90 60 30 0 -30
40 30 20 10 0 -10 -20

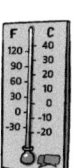

termometar

termometre

sunčana svjetlost

güneş ışığı

oblak

bulut

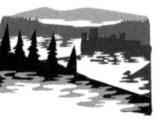

magla

sis

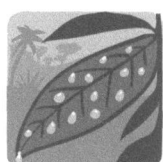

vlažnost zraka

nem

munja

šimşek

grmljavina

gök gürültüsü

oluja

fırtına

tuča

dolu

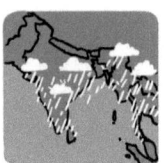

monsun

muson

poplava

sel

led

buz

siječanj

Ocak

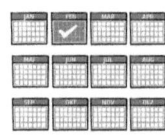

veljača

Şubat

ožujak

Mart

travanj

Nisan

svibanj

Mayıs

lipanj

Haziran

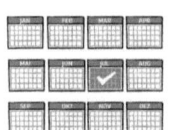

srpanj

Temmuz

kolovoz

Ağustos

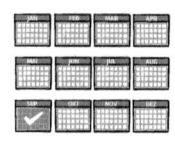

rujan
....
Eylül

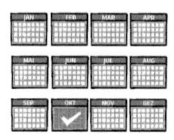

listopad
....
Ekim

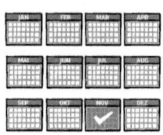

studeni
....
Kasım

prosinac
....
Aralık

krug
....
daire

kvadrat
....
kare

pravokutnik
....
dikdörtgen

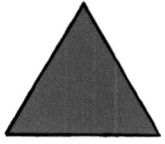

trokut
....
üçgen

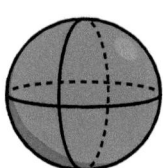

kugla
....
küre

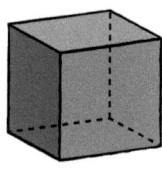

kocka
....
küp

bijela

beyaz

žuta

sarı

narančasta

turuncu

ružičasta

pembe

crvena

kırmızı

ljubičasta

mor

plava

mavi

zelena

yeşil

smeđa

kahverengi

siva

gri

crna

siyah

mnogo / malo
çok / az

ljutito / mirno
kızgın / sakin

lijepo / ružno
güzel / çirkin

početak / kraj
başlangıç / son

veliko / maleno
büyük / küçük

svijetlo / tamno
parlak / karanlık

brat / sestra
erkek kardeş / kız kardeş

čisto / prljavo
temiz / kirli

potpuno / nepotpuno
tamam / eksik

dan / noć
gün / gece

mrtvo / živo
ölü / canlı

široko / usko
geniş / dar

jestivo / nejestivo

yenilebilir / yenilemez

zlo / dobro

kötü / iyi

uzbuđeno / dosadno

heyecanlı / sıkılmış

debelo / mršavo

şişman / zayıf

na početku / na kraju

ilk / son

prijatelj / neprijatelj

dost / düşman

puno / prazno

dolu / boş

tvrdo / mekano

sert / yumuşak

teško / lagano

ağır / hafif

glad / žeđ

açlık / susuzluk

bolesno / zdravo

hasta / sağlıklı

ilegalno / legalno

yasa dışı / yasal

pametno / glupo

zeki / aptal

lijevo / desno

sol / sağ

blizu / daleko

yakın / uzak

novo / rabljeno

yeni / kullanılmış

ništa / nešto

hiçbir şey / bir şey

staro / mlado

yaşlı / genç

uključeno / isključeno

açma / kapama

otvoreno / zatvoreno

açık / kapalı

tiho / glasno

sessiz / gürültülü

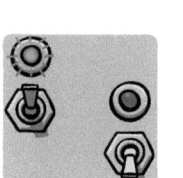

bogato / siromašno

zengin / fakir

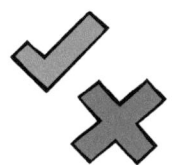

točno / pogrešno

doğru / yanlış

hrapavo / glatko

pürüzlü / düz

tužno / sretno

üzgün / mutlu

kratko / dugo

kısa / uzun

polako / brzo

yavaş / hızlı

mokro / suho

ıslak / kuru

toplo / hladno

sıcak / serin

rat / mir

savaş / barış

0

nula
sıfır

1

jedan
bir

2

dva
iki

3

tri
üç

4

četiri
dört

5

pet
beş

6

šest
altı

7

sedam
yedi

8

osam
sekiz

9

devet
dokuz

10

deset
on

11

jedanaest
on bir

12

dvanaest

on iki

13

trinaest

on üç

14

četrnaest

on dört

15

petnaest

on beş

16

šestnaest

on altı

17

sedamnaest

on yedi

18

osamnaest

on sekiz

19

devetnaest

on dokuz

20

dvadeset

yirmi

100

stotinu

yüz

1.000

tisuću

bin

1.000.000

milijun

milyon

engleski

İngilizce

američko engleski

Amerikan İngilizcesi

kinesko mandarinski

Çince (Mandarin)

hindi

Hintçe

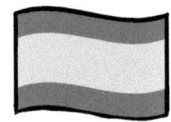

španjolski

İspanyolca

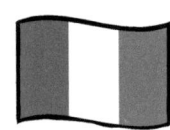

francuski

Fransızca

arapski

Arapça

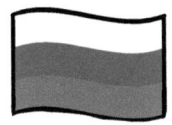

ruski

Rusça

portugalski

Portekizce

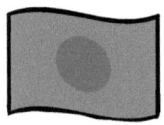

bengalski

Bengalce

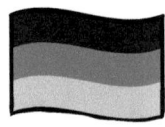

njemački

Almanca

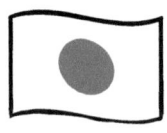

japanski

Japonca

ja
ben

ti
sen

on / ona / ono
o

mi
biz

vi
siz

oni
onlar

tko?
kim?

što?
ne?

kako?
nasıl?

gdje?
nerede?

kada?
ne zaman?

ime
isim

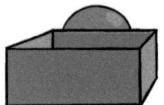

iza

arkasında

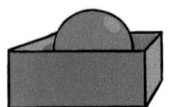

u

içinde

ispred

önünde

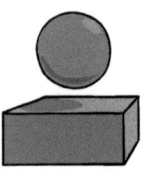

preko

üzerinde

na

üstünde

ispod

altında

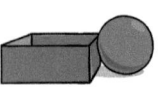

pored

yanında

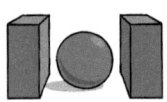

između

arasında

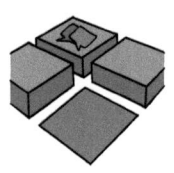

mjesto

yer